www.sachildrensbooks.com

Copyright©2014 by Inna Nusinsky Shmuilov

innans@gmail.com

All rights reserved. No part of this book may be reproduced in any form or by any electronic or mechanical means, including information storage and retrieval systems, without written permission from the publisher or author, except in the case of a reviewer, who may quote brief passages embodied in critical articles or in a review.

Alle Rechte vorbehalten. Kein Teil dieses Buches darf in irgendeiner Form oder durch irgendwelche elektronischen oder mechanischen Mitteln, einschließlich Informationen Regalbediengeräte schriftlich beim Verlag, mit Ausnahme von einem Rezensenten, kurze Passagen in einer Bewertung zitieren darf reproduziert, ohne Erlaubnis.

First edition, 2015

Translated from English by Nicola Künkel
Aus dem Englischen übersetzt von Nicola Künkel

I love My Mom (German Edition)/ Shelley Admont

ISBN: 978-1-77268-103-1 paperback

ISBN: 978-1-77268-470-4 hardcover

ISBN: 978-1-77268-102-4 ebook

Although the author and the publisher have made every effort to ensure the accuracy and completeness of information contained in this book, we assume no responsibility for errors, inaccuracies, omission, inconsistency, or consequences from such information.

für die, die ich am meisten liebe -S.A.

Morgen würde Mamas Geburtstag sein. Das kleine Häschen Jimmy und seine beiden älteren Brüder flüsterten in ihrem Zimmer.

„Lasst uns nachdenken", antwortete der älteste Bruder. „Das Geschenk für Mama sollte etwas ganz besonderes sein."

„Jimmy, du hast immer so gute Ideen," fügte der mittlere Bruder hinzu. „Was meinst du?"

„Hm…" Jimmy fing an angestrengt zu überlegen. Plötzlich rief er, „Ich kann ihr mein Lieblingsspielzeug schenken – meine Eisenbahn!" Er nahm die Eisenbahn aus der Spielzeugkiste und zeigte sie seinen Brüdern.

„Ich glaube nicht, dass Mama deine Eisenbahn haben möchte," sagte der älteste Bruder. „Uns muss etwas anderes einfallen. Es muss etwas sein, das ihr wirklich gefällt."

„Wir können ihr ein Buch schenken," rief der mittlere Bruder fröhlich.

„Ein Buch? Das ist das richtige Geschenk für Mama," antwortete der älteste Bruder.

„Ja, wir können ihr mein Lieblingsbuch schenken," sagte der mittlere Bruder und ging zum Bücherregal.

„Aber Mama mag spannende Bücher," sagte Jimmy betrübt, „und dieses Buch ist für Kinder."

„Ich glaube, du hast recht," stimmte der mittlere Bruder zu. „Was sollen wir tun?"

Die drei Häschen-Brüder saßen nachdenklich und still, bis der älteste Bruder schließlich sagte,

„Es gibt nur eines, was mir einfällt. Etwas, dass wir selbst basteln können. Eine Geburtstagskarte."

„Wir können ganz viele Herzen und Küsschen malen," sagte der mittlere Bruder.

„Und wir können Mama sagen, wie lieb wir sie haben," fügte der älteste Bruder hinzu.

Die drei Häschen wurden ganz aufgeregt und fingen an, die Geburtstagskarte zu basteln.

Die drei Häschen bastelten fleißig. Sie schnitten und klebten, falteten und malten.

Jimmy und sein mittlerer Bruder malten Herzen und Küsschen. Als sie mit der Geburtstagskarte fertig waren, malten sie noch mehr Herzen und noch mehr Küsschen.

Dann schrieb der älteste Bruder in großen Buchstaben:

„Herzlichen Glückwunsch zum Geburtstag, Mama! Wir haben dich sooooooo lieb. Deine drei Häschen."

Endlich war die Geburtstagskarte fertig. Jimmy lächelte.

„Ich bin mir sicher, dass es Mama gefallen wird," sagte er und wischte seine schmutzigen Hände an seiner Hose ab.

„Jimmy, was machst du denn?" rief der älteste Bruder. „Siehst du nicht, dass Farbe und Kleber an deinen Händen sind?

„Oh nein..." sagte Jimmy. „Das habe ich nicht gesehen. Entschuldigung!"

„Jetzt muss Mama an ihrem Geburtstag die Wäsche waschen," sagte der älteste Bruder und schaute Jimmy streng an.

„Nein! Das werde ich nicht zulassen!", rief Jimmy. „Ich wasche meine Hose selbst."
Er lief ins Badezimmer.

Zusammen wuschen sie die Farbe und den Kleber aus Jimmys Hose und hingen sie zum Trocknen auf.

Als sie zurück in ihr Zimmer gingen, schaute Jimmy kurz ins Wohnzimmer und sah dort seine Mutter.

„Schaut mal, Mama schläft auf dem Sofa," flüsterte Jimmy seinen Brüdern zu.

„Ich bringe ihr meine Decke," sagte der ältere Bruder und rannte zurück in sein Zimmer.

Jimmy schaute seine schlafende Mutter an. Plötzlich wusste er, was das perfekte Geschenk für sie wäre.

„Ich habe eine Idee!" sagte Jimmy, als der älteste Bruder mit der Decke zurückkam.

Er flüsterte seinen Brüdern etwas zu. Dann nickten alle drei Häschen mit den Köpfen und hatten strahlende Gesichter.

Leise gingen sie zum Sofa und bedeckten ihre Mutter mit der Decke.

Alle drei Häschen gaben ihr ein Küsschen und flüsterten, „Wir haben dich lieb, Mama."

„Oh, ich habe euch auch ganz doll lieb", sagte sie lächelnd und umarmte ihre Söhne.

Am nächsten morgen wachten die drei Häschen-Brüder sehr früh auf. Sie bereiteten das Überraschungsgeschenk für ihre Mutter vor.

Sie putzten ihre Zähne, dann machten sie ihre Betten und räumten all ihr Spielzeug ordentlich in die Spielzeugkiste.

Anschließend gingen sie ins Wohnzimmer. Sie wischten Staub und machten den Fußboden sauber.

Als nächstes gingen sie in die Küche.

„Ich mache Mamas Lieblingsfrühstück. Eine Scheibe Toast mit Erdbeermarmelade," sagte der älteste Bruder. „Und du, Jimmy, kannst ihr frischen Orangensaft einschenken."

„Ich hole Blumen aus dem Garten," sagte der mittlere Bruder und lief aus der Tür.

Als das Frühstück fertig war, wuschen die drei Häschen das Geschirr. Dann dekorierten sie die Küche mit Blumen und Luftballons.

Die drei fröhlichen Häschen gingen in das Zimmer ihrer Eltern. Sie brachten die Geburtstagskarte, die Blumen und das Frühstück.

Die Mutter saß auf dem Bett. Sie lächelte, als ihre Söhne "Geburtstagslied" sangen, während sie das Zimmer betraten.

„Wir haben dich lieb, Mama," riefen sie alle zusammen.

„Das ist mein schönster Geburtstag!" sagte die Mutter und küsste ihre Söhne.

„Du hast noch nicht alles gesehen," sagte Jimmy und zwinkerte seinen Brüdern zu. „Du solltest dir die Küche und das Wohnzimmer anschauen!"

www.ingramcontent.com/pod-product-compliance
Lightning Source LLC
LaVergne TN
LVHW072006060526
838200LV00010B/292